아이는 물을 마시며 자랐어.

아이가 자라 열 살이 되었을 때에도 물 분자 한 개는 여전히 0.3나노미터

이정모 지음

연세대학교 생화학과를 졸업하고, 같은 학교 대학원에서 석사학위를 받았습니다. 독일 본 대학교 화학과에서 곤충과 식물의 커뮤니케이션을 연구했으며, 안양대학교 교양학부 교수로 일했습니다. 서대문자연사박물관 관장, 서울시립과학관 관장으로 재직하였고 현재 국립과천과학관 관장으로 일하고 있습니다. 《달력과 권력》《공생 멸종 진화》《저도 과학은 어렵습니다만》《과학자와 떠나는 마다가스카르 여행》 등 다수의 책을 집필, 번역, 감수했습니다.

김진혁 그림

만화와 영화를 좋아하는 그림 작가입니다. 그 동안 웹툰과 독립출판 만화를 그렸습니다. 재미있는 이야기에 관심이 많고, 새롭고 다양한 만화를 꾸준히 그리는 것이 목표입니다. 《빅뱅 여행을 시작해!》《읽는 순서》 등에 그림을 그렸습니다.

우리는 물이야

일러두기

지금 우리가 살아가는 데 꼭 필요한 건 무엇일까요? 딱 두 가지만 골라 볼까요? 바로 전기와 물입니다. 모든 것의 기원을 궁금해 하고 찾아가는 빅 히스토리에서도 매우 중요한 요소입니다. 빅뱅으로 시공간과 에너지가 촉발된 뒤, 물질이 생기기 시작했습니다. 생명이 태어난 물의 재료이자 우주에서 가장 많은 원소인 수소가 빅뱅 이후 처음 생긴 원소입니다.

빅뱅은 138억 년 전에 일어났습니다. 가늠하기 어려울 정도로 어마어마한 시공간입니다. 이럴 때에는 사람이 느낄 수 있는 감각의 범위로 줄여서 보면 이해하기 쉽습니다. 반면 물 분자는 너무나 작아서 맨눈으로는 절대 보이지 않습니다. 이럴 때에도 사람이 느낄 수 있는 모습으로 상상해서 보면 이해가 쉬워질 거예요. 그림으로 그려진 물 분자의 모습은 실제 물 분자의 모습을 참조했습니다. 물이 어떻게 생겼는지, 어떤 성질을 가졌는지, 앞으로 어떻게 될지 관심을 갖고 읽어 주세요.

빨래판
과학책

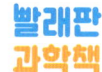

빅 히스토리로 시작하는
화학 공부

우리는 물이야

이정모 지음 | 김진혁 그림

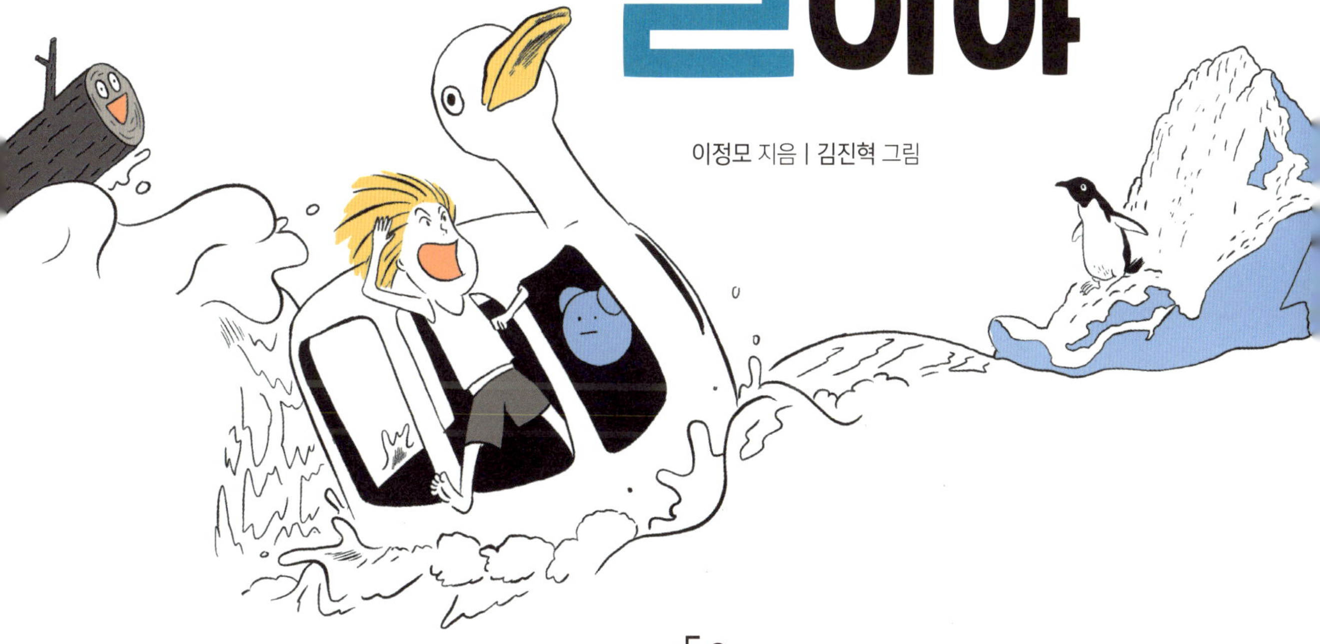

아이들은
자연이다

사람들은 물을 좋아해.

아마도 사람 몸이
물로 이루어졌기 때문일 거야.

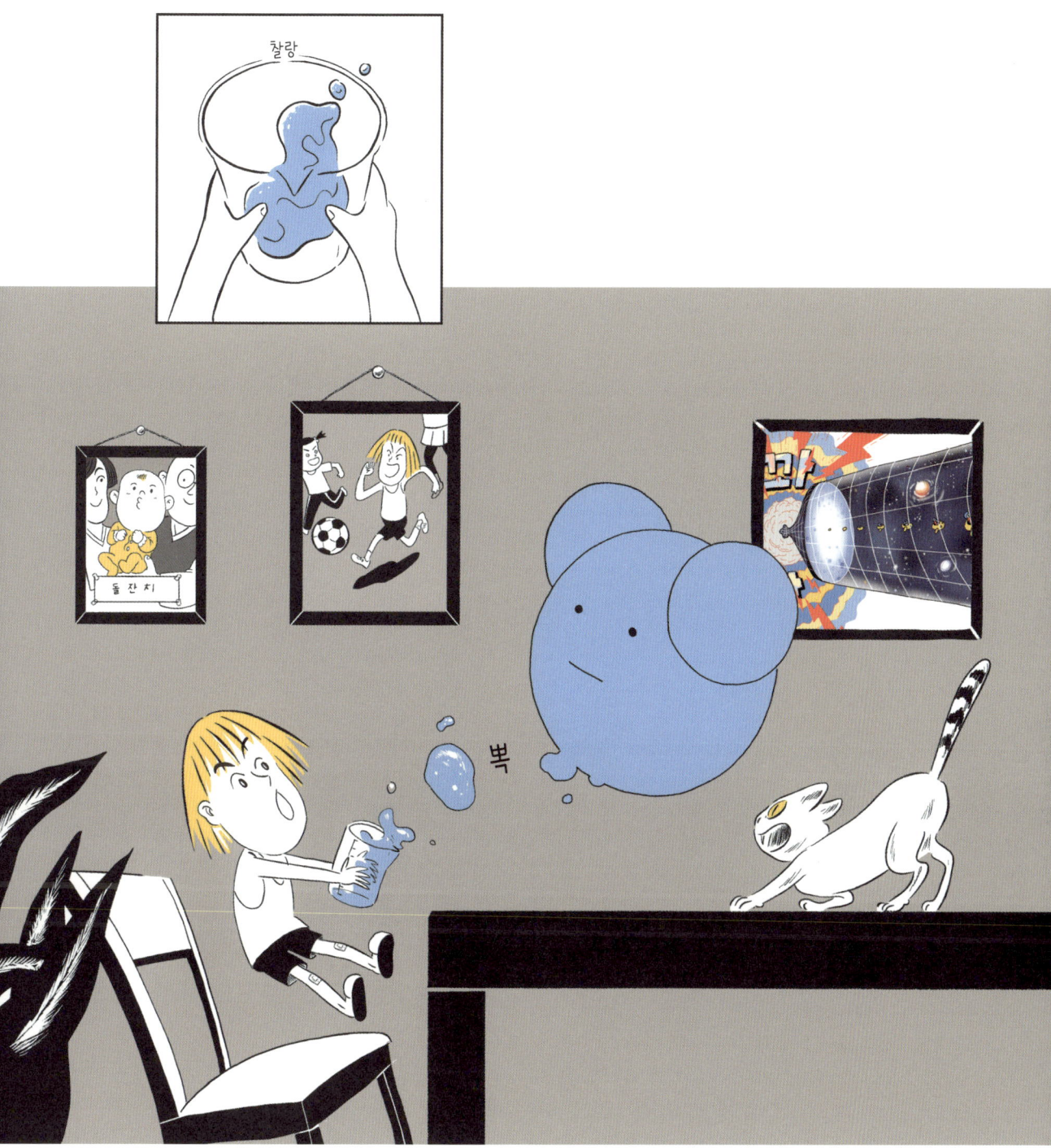

나는 물이야.
너도 물로 이루어져 있지.

어떻게 보면, 사람 몸은 맹탕이라고 할 수 있어.
사람은 36.5도의 미지근한
물이 담긴 물주머니지.

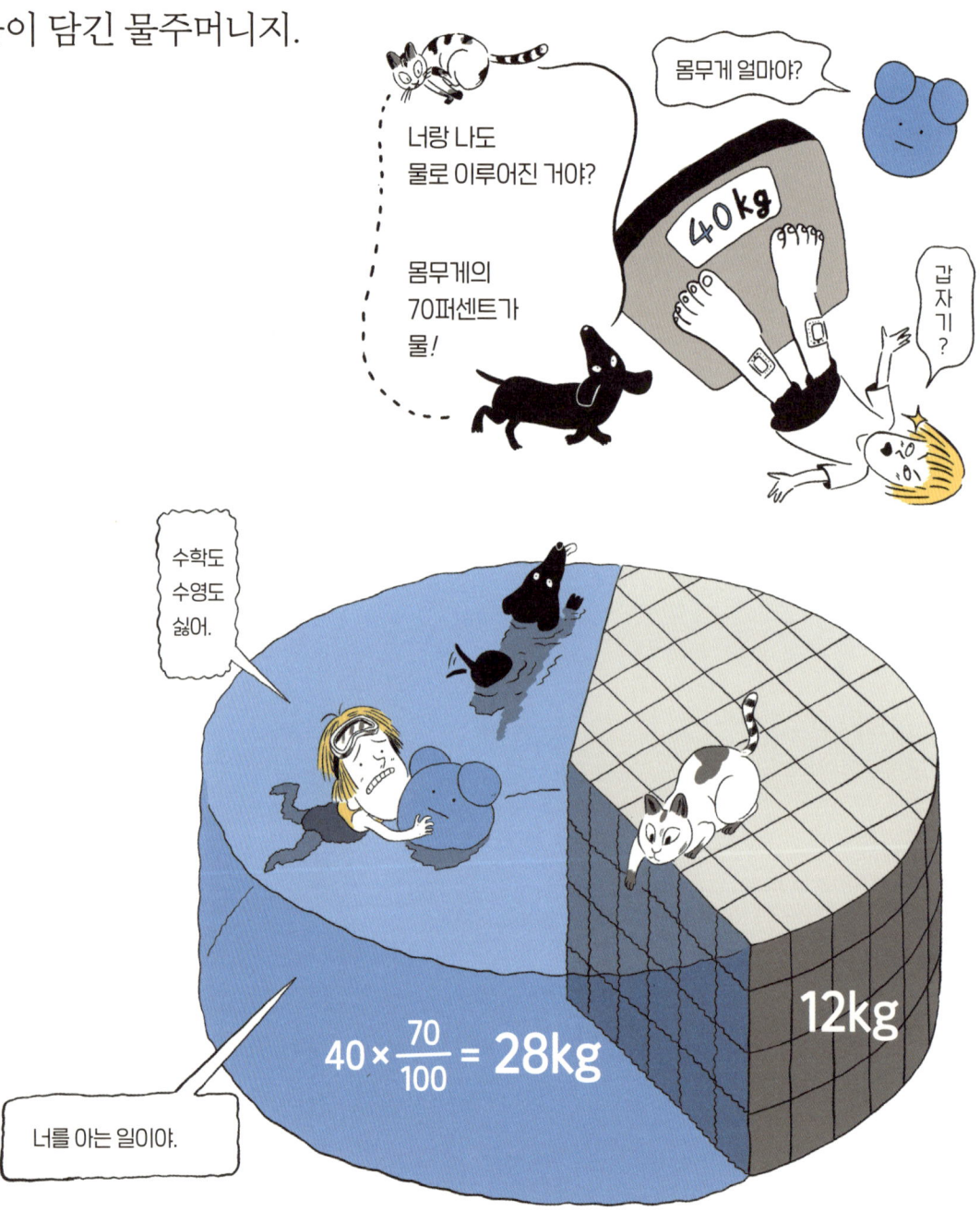

생명들은 물로 이루어져 있다 보니
약할 수밖에 없어.
사람 몸이 쇠라면 단단하고 강하겠지.

어떤 일이 벌어질까?
모기가 물지 못하고 멍이 들지 않겠지.
그리고 전기와 열이 잘 통할 거야.

사람 몸이 쇠로 되어 있을 때 가장 안타까운 건,
먹지 못한다는 거 아닐까?
네 몸이 쇠라면 먹을 것을 소화시키지 못하고 변화하지 않아.
생명을 유지하는 데 필요한 다양한 반응은
일어나지 않는다는 뜻이지.

사람 몸속에서는 단백질 같은 다양한 물질이 만나서
쪼개지고 합쳐지며 반응을 해.
세포도 만들고 병균과 싸우는 힘도 생기지.

물과 함께 너는 자랐어.

사람 몸에 꼭 필요한 단백질이나 철분 같은 물질이
서로 만나고 작용하려면
자유롭게 헤엄치거나 날아다닐 공간이 필요해.
그런 곳에 바로 물이 있어.
온도를 유지해 주면서 몸속 물질이
쉽없이 움직이게 돕는 물질로
물이 딱 좋아.

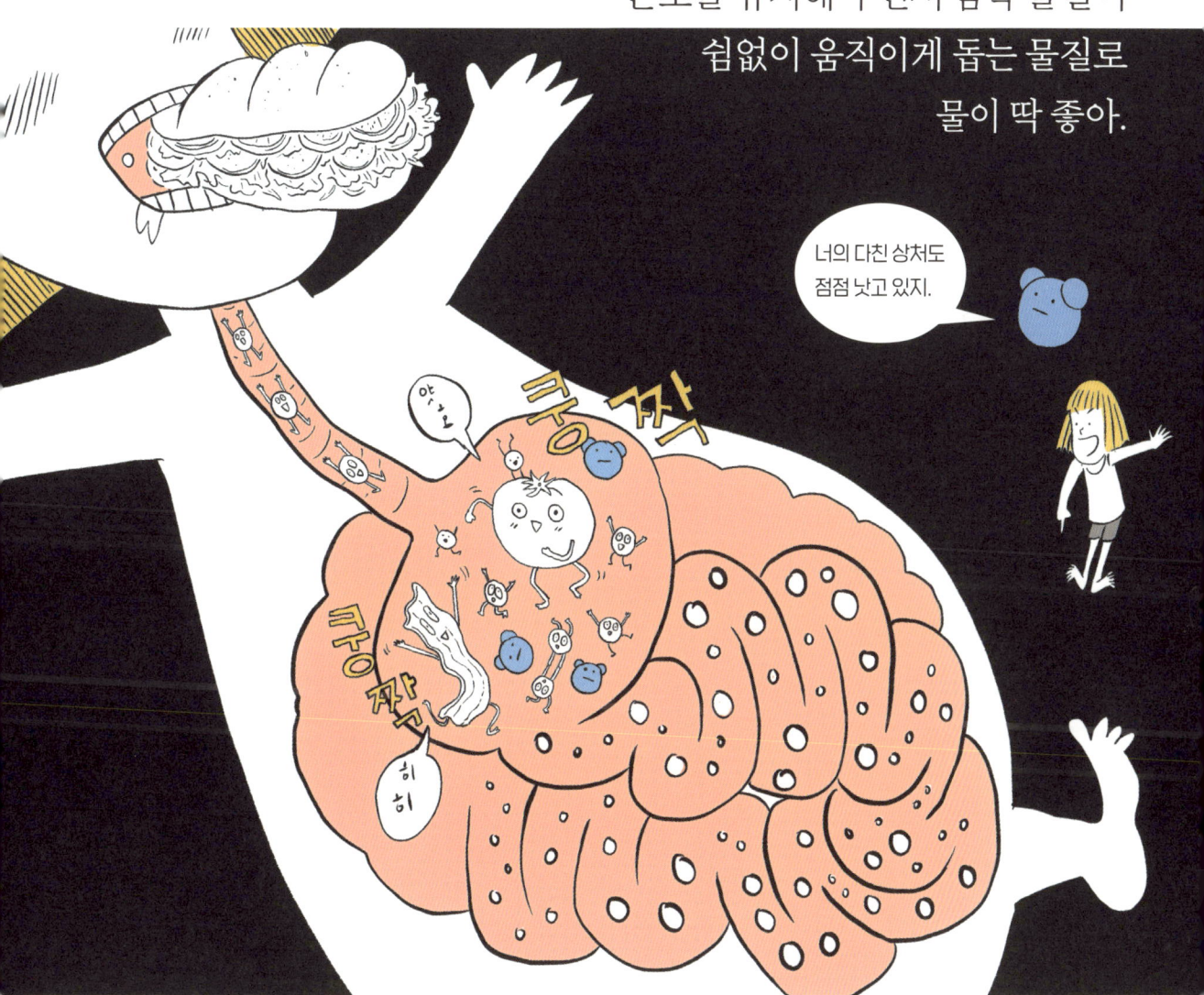

네 몸속의 물질은 대부분
물속에서 반응하는 물질이야.
물이 생명의 대부분을 차지하는 것은 당연해.

생명은 물이야.

물은 물 분자가 모여서 이루어지지.
물 분자 하나는
산소 원자 1개와 수소 원자 2개로 이루어져 있어.

화학자들은 오래전부터 있었어.
실험하기를 좋아하는 지구의 화학자들은
물질마다 숨어 있는 성질을 찾느라 아주 열심이었어.

화학자들은 계속 실험했어.
액체인 물, 고체인 얼음 그리고 기체 상태인 수증기도
알아냈지.

물질마다 어는 온도, 끓는 온도가 달라.
얼음은 0도보다 높으면
흐물흐물 액체가 되고,
고체인 철이 액체가 되려면
1500도보다 높아야 하지.

화학자들은 물이 어떻게 변하는지
물이 어디에 있는지 더 많이 알아냈지.
생명들은 대부분 물 가까이에서 살아.

지구의 대기 중에는
기체 상태인 물(수증기)이
2~3퍼센트 차 있어.

물을 많이 끓이면
대기 중 수증기도
늘어날까?

얼면 부피가 커지면서
액체인 물보다 가벼워져.
밀도가 낮아진다고 할까.

고체 상태인 물 얼음은
왜 물에 뜨는 걸까?

살아 있는 생물들은 대개 물과 밀도가 비슷해.
그래서 가라앉지 않고 수영할 수 있어!

우주에도 물이 많아. 우리가 생각하는 것보다 아주 많지.
그런데 왜 보이지 않을까?
기체로 흩어져 떠다니기 때문에 우리 눈에 보이지 않아.

태양계 행성 중 액체 상태인 물이
많이 뭉쳐 있는 행성이 딱 하나 있어.
바로 지구.

물에 사는 생물도 많고,
생물들에게는 물이 늘 필요해.
물 없이 살 수 있는 생물은 거의 없어.

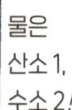

물은 산소 1, 수소 2!

산소 하나에 수소 두 개를 붙이면 물이 되겠지?

물이 부족해도 물을 새롭게 만들기는 쉽지 않아. 물 분자는 단순하게 생겼지만 수소랑 산소를 섞는다고 물이 되지는 않지.

물이 어떻게 생겼는지 아는데 왜 만들기가 어려워?

평소에 수소는 수소끼리 산소는 산소끼리 붙어 다녀.

안 떨어져!

크나큰 에너지가 있어도 물 분자는 아주 조금 만들어져.

물 아껴 쓰라고, 물 깨끗이 쓰라고 어른들이 잔소리를 하는 이유지.

사람들이 물을 좋아하고 많은 것을 밝혀냈지만
여전히 모르는 물의 특징도 많아.

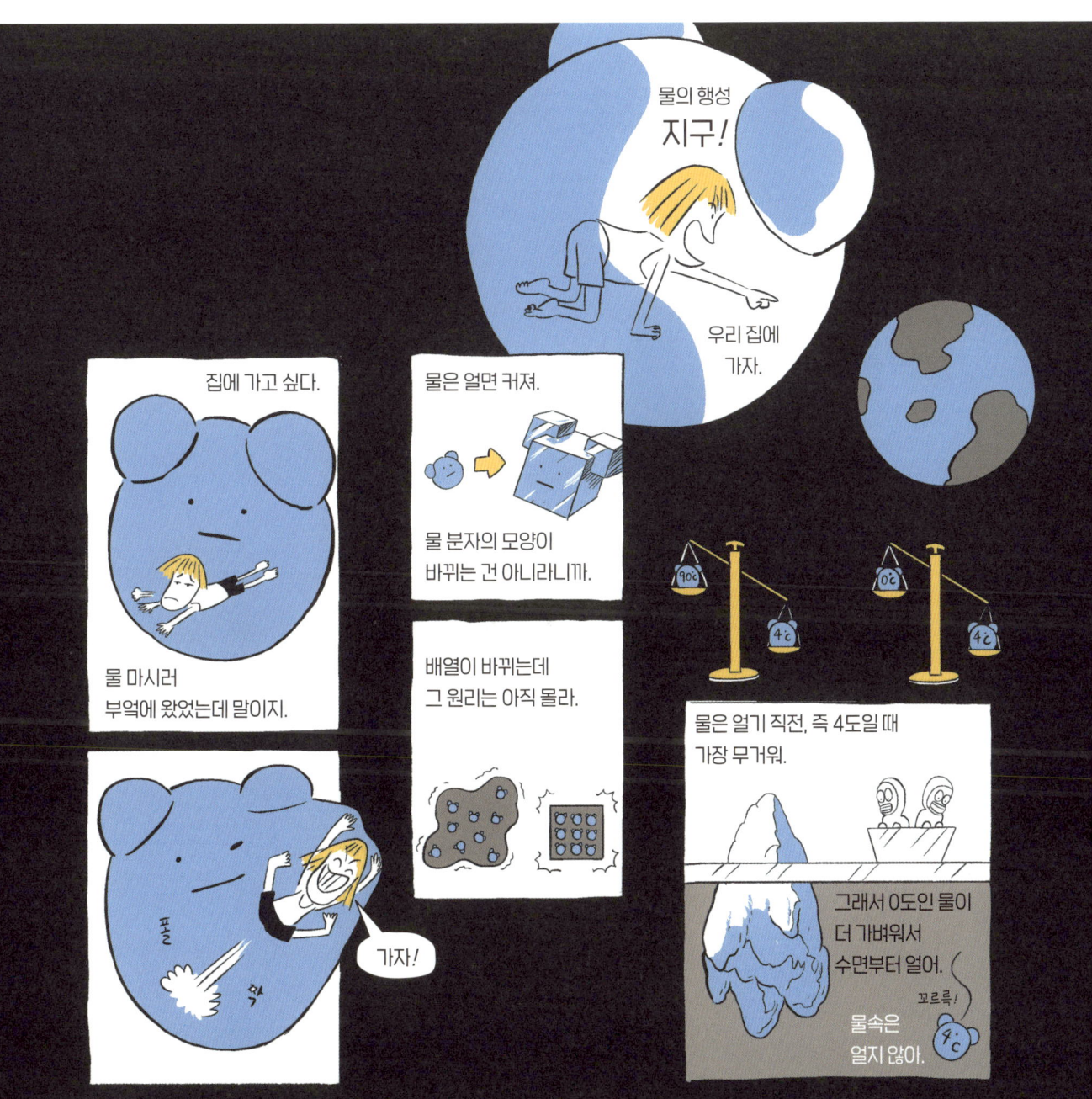

아무리 그래도
가장 신기한 것은
생명은 물이라는 거지.
그렇다고 물이 생명체는 아니야.

우리 몸은 맹탕처럼 보여.
물이 가득 모인 말랑말랑한 물 덩어리.
하지만 물을 우습게 보면 안 돼.
물은 모이면 쇠도 자를 수 있어.

그리고 물은 이렇게 멋진 생명들을 이루고 있잖아.

물은 언제 생겨났어?

 내가 기억하는 건, 네가 태어난 날이야.

 나랑 같이 태어났다고?

 생일이 같지는 않아. 여기저기 여행하며 들었는데,
물은 어마어마하게 오래전에 생겨났대.

 몇 월 며칠에? 나보다 나이가 엄청 더 많아?

 사람들의 달력으로는 셀 수 없이 어마어마하게 먼 옛날이야.

 빅뱅보다 더 멀어?

 빅뱅을 알아?

 빅뱅을 모르는 어린이는 아마 없을걸!

 오호! 어마어마한 에너지가 폭발한 빅뱅 이후,
첫 원소인 수소가 생겼어.
그 뒤 여러 원소가 생긴 뒤 물과 같은 물질도
만들어졌지.

 그럼 내 몸속에 있는 물도
나보다 더 오래전에 생겼겠다, 그치?

 맞아!
나를 만나고 나더니 똑똑해졌어~.

 오늘 왜 나를 찾아왔어?

 네 상처를 치료해 주려고 왔어.

 네 얘기만 한 거 같은데.

 내 이야기가 네 이야기야.

 ㅇㅈ

 응?

 인정한다고. 사람은 물 덩어리!

 사실 난 네 눈물을 그치게 도와주는 물 요정이야.

 끝까지 엉뚱하군.

 울고 싶은 날에는
수소와 산소 그리고 나, 물 분자와 함께한 오늘을 떠올려 봐.
그리고 깨끗한 물 한 잔을 마시면
마음이 진정되고 눈물이 그칠 거야.

 헤어질 때가 된 것 같아. 이제 어디로 갈 거야?

 원래의 크기로 돌아갈 거야. 0.3나노미터.
그리고 네 옆에 늘 있을게. 보이지는 않겠지만!

이정모 관장님과 잠깐 화학 공부

세상의 모든 물에게

빅뱅으로 우주가 시작되었죠. 빅 히스토리의 가장 큰 사건입니다. 그다음 일어난 큰 사건은 무엇일까요? 별이 탄생한 거예요. 태양과 같이 빛나는 별들이 생겼어요. 별의 재료가 있어야겠죠. 별의 재료는 바로 '수소(H)'입니다.

수소는 빅뱅 이후 생겨난 첫 번째 원소입니다. 가장 작고 가벼우며, 현재 우주에서 가장 많죠. 그 뒤 수많은 별이 탄생하고 폭발하며 다양한 원소들이 생겨났어요.

생명을 이루는 물도 수소가 있어야 만들어져요. 원소 공부를 시작하기에도 좋은 원소입니다. 수소를 이해하고 나면 아주 무거운 원소들, 예를 들면 79번 금이나 80번 수은도 이해할 수 있을 거예요. 더 높은 수준의 과학을 배우면 원소들을 배열해 놓은 주기율표(44~45쪽)를 만나게 될 텐데, 복잡하게 느껴지고 이름이 낯설다고 주눅 들지 마세요. 현재 자연에는 94종의 원소가 있습니다. 약 90종의 원소만 알면 끝을 잴 수 없을 만큼 넓고 수를 셀 수 없을 만큼 다양한 물질들이 오히려 명쾌해집니다. 생명과 물질의 특징을 설명할 수 있게 되는 거예요. 해볼 만한 공부죠.

화학이라는 말에 나쁘고 위험하고 무서운 것이라는 의미를 씌우는 경우가 많아요. 화학 전공자로서 아쉽습니다. 고학년으로 올라가서 원소의 작동 원리나 원소들이 결합하는 방법을 배우기 시작하면 화학 공부를 포기하는 사람도 있어요. 과학자도 원소 118개를 속속들이 모두 이해하는 것은 불가능에 가깝습니다. 눈에 보이지 않으니 더 어렵고요. 그럴 땐 덜 중요한 것은 빼고 본질을 찾아보세요. 무시하면 안 되는 것을 골라 보세요. 그러면 물이 반드시 있을 거예요.

원소들이 결합해서 세상의 모든 물질들이 만들어집니다. 물도 생명체도 마찬가지입니다. 그래서 화학을 공부하게 되면 내 몸을 만든 재료들을 알게 됩니다. 부엌에서 음식이 만들어지는 과정을 이해하는 것도 화학의 도움을 받을 수 있습니다. 내 몸속으로 들어간 음식물이 어떻게 소화되고 내 몸을 유지하는지도 알게 되지요. 아플 때 먹는 약도 화학의 도움으로 만듭니다. 화학에 대해 더 알고 싶지 않나요?

그렇다면 화학 공부를 어떻게 시작하면 좋을까요? 나는 주기율표를 모두 외우고 나서 화학 공부가 쉬워졌습니다. 외우는 공부는 나쁘다고요? 필요한 것을 외워 두면 편리해요. 그뿐만 아닙니다. 외우면서 원리를 깨치는 경우도 많아요. 특히 주기율표는 순서만 달달 외우기보다는 주기율표 자체를 사진 찍는 것처럼 머릿속에 저장해 보세요. 원소가 표에서 자리하는 위치를 알면 그 원소의 성질을 알 수 있고 어떤 원소끼리 결합할지 예측도 할 수 있어요.

빅뱅 이후 38만 년 만에 생긴 첫 원소인 수소, 그 뒤 138억 년이 지났습니다. 눈에도 보이지 않는 작은 원소들이 만들어지고 모이면서 이 거대한 우주와 시공간이 만들어졌죠. 우리를 둘러싼 모든 자연과 물질, 그리고 생명을 만들었고요. 모두 다 과학자가 될 필요는 없지만, 과학을 알면 세상을 이해하기 쉬워져요. 세상을 있는 그대로 바라보고 과학적으로 생각하는 방법을 연습할 수 있습니다. 대기 오염이나 환경 문제를 맞닥뜨렸을 때 화학 지식을 알면 해결책을 찾는 데에 도움이 될 거예요.

수소 2개와 산소 1개가 공유결합을 해서 생성된 물 분자. 물 분자는 고정되어 있을 것 같은데, 그렇지 않습니다. 원자마다 에너지를 품고 있고 물 분자는 움직이고 있어요. 우리 몸에 들어온 물도 고여 있지 않아요. 들어오고 나가고 지구 곳곳을 다닙니다. 너무 작아서 상상하기조차 힘든 원소들, 원소 3개가 뭉쳤지만 역시나 너무 작아서 보이지 않는 물 분자, 그 물 분자로 사람이 만들어졌습니다. 우리는 모두 물이죠. 그 이유 하나만으로도 화학 공부는 해볼 만합니다. 아 참, 우리는 이미 여행을 좋아하는 물 분자와 함께 화학 공부를 시작했군요.

빅뱅 이후에 생긴 첫 번째 원소가 바로 수소입니다.

 궁금해요

질문1 화학은 무얼 공부하는 학문인가요?

화학은 우리를 구성하는 물질과 우리를 둘러싼 모든 물질을 연구합니다. 우주를 구성하는 물질을 연구하는 학문이죠. 하지만 단순히 "어떤 물질로 되어 있구나" 하고 마는 것이 아니에요. 더 중요한 게 있습니다. 변화를 연구하는 것이죠. 화학은 한자로 化學이라고 써요. 化(화)는 '되다, 모양이 바뀌다, 변하다'라는 뜻이 있어요. 그러니까 화학은 우주를 구성하는 물질과 그 물질의 변화를 연구하는 학문이라고 할 수 있죠.

질문2 우주에 수소가 가장 많다고요? 우리 몸에도요?

우주에는 수소가 가장 많아요. 이유는 간단해요. 가장 단순한 원소거든요. 핵에는 양성자가 하나 들어 있고, 전자껍질에는 전자가 하나뿐이에요. 빅뱅 직후에 작은 입자들이 서로 합쳐지면서 가장 먼저 만들어진 원소입니다. 수소가 합쳐져서 헬륨이 되고, 헬륨이 합쳐져서 탄소, 산소, 질소 같은 것들이 되죠.

우주에 가장 많다고 해서 우리 몸에도 가장 많은 것은 아니에요. 우주를 이루는 원소들이 우리 몸에 모두 있지 않죠. 또 우리 몸에 있는 원소의 비율은 우주의 원소 비율과는 완전히 달라요. 그게 바로 생명의 특징입니다.

우주에도 별에도 수소가 가장 많아요. 하지만 지구에는 산소가 가장 많아요. 우리 몸속에도 산소가 가장 많아요. 우리 몸에서 산소가 차지하는 비중은 67% 정도입니다. 그러니까 몸무게의 2/3가 산소인 셈이에요. 자신의 몸무게가 30킬로그램이라면, 그 가운데 20킬로그램은 산소인 셈이죠.

어떤 산소는 물(H_2O) 안에 들어 있어요. 다른 산소들은 탄수화물, 지방, 단백질, 비타민 같은 모양으로 있고요. 물론 수소도 곳곳에 있지만 워낙에 질량이 작아서 별로 차지하지는 않아요. 수소의 질량은 산소 질량의 1/16에 불과하거든요.

질문3 수소는 왜 작은가요?

눈사람을 만들 때도 처음에는 작은 눈 뭉치로 시작합니다. 자연에 존재하는 94개의 원소 가운데 1번인 수소가 바로 이 눈사람을 만들기 위한 첫 번째 눈 뭉치에 해당합니다.

모든 원자는 핵과 전자껍질로 이뤄져 있어요. 원자의 질량은 핵이 거의 다 차지하지요. 수소는 핵 안에 양성자가 하나뿐이에요. 양성자 숫자가 하나씩 늘어나면서 원자번호가 늘어나지요. 자연에서 가장 무거운 원자인 플루토늄은 원자번호가 94번이니 양성자가 94개 있겠지요.

그런데 원자의 크기는 핵보다는 전자껍질로 정해집니다. 수소 원자가 축구장이라고 하면, 원자핵은 한가운데 앉아 있는 무당벌레쯤 되는 크기예요. 나머지 부분은 다 전자껍질이죠. 수소의 경우 거기에 전자 하나가 돌아다녀요.

우라늄에게는 전자껍질이 7개나 있어요. 수소 전자껍질의 크기가 축구장만 하다면 플루토늄의 전자껍질은 축구장 100개만 합니다. 수소가 얼마나 작은지 상상해 보세요.

질문4 물이 '수소결합' 되어 있다는데 무슨 뜻인가요?

물(H_2O)은 산소(O)와 수소(H)로 이뤄졌어요. 산소-수소 결합이 두 개 있죠. 이 결합은 공유결합이라고 해요. 아주 단단한 결합이에요. 마치 볼트와 너트로 결합한 것과 같아요. 그런데 산소는 전기적으로 양성이고,

수소는 음성이에요. 한 물 분자의 수소 원자가 다른 물 분자의 산소 원자를 살짝 잡아당겨요. 마치 한 자석의 N극이 다른 자석의 S극을 잡아당기는 것처럼 말이에요.

N극과 S극이 붙어 있는 두 자석을 우리는 쉽게 떼어 낼 수 있잖아요. 물의 수소결합도 쉽게 떼어 낼 수 있어요. 마치 포스트잇을 붙였다 뗐다 하는 것처럼요. 이 수소결합 덕분에 단백질이 효소 작용을 할 수 있죠.

수소결합은 아주 약한 결합이지만 이 수소결합이 없었다면 생명 작용은 일어날 수 없어요. 우주에 가장 많으면서도 간단한 원소인 수소가 이런 큰일을 하다니 참 놀라운 일이죠.

질문5 　산소는 언제 생겨났나요?

수소와 헬륨은 빅뱅 과정에 생겼어요. 첫 번째 별이 빛을 내기 전의 일입니다. 오늘날 우주에 다양한 원소들이 있는 까닭은 우주에는 원소 공장이 있기 때문입니다. 별이 바로 원소를 만들어 내는 공장입니다.

원소 공장인 별에는 수소 원자가 가득해요. 수소 원자들이 모여서 헬륨이 되고, 헬륨 두 개가 모여서 베릴륨(Be)이 되고 여기에 헬륨 원자가 하나 더 모이면 탄소(C)가 되죠.

그다음 원소가 만들어지는 과정은 위와 같이 반복되어요. 탄소에 헬륨이 더해져서 산소(O)가 되고, 이어서 네온(Ne)과 마그네슘(Mg), 규소(Si, 실리콘)가 만들어져요. 그리고 규소 두 개가 합해져서 철(Fe)이 만들어지죠.

이런 원소들은 모두 별 안에서 만들어져요. 그러다가 별이 죽으면서 폭발해서 초신성이 될 때, 별에 뭉쳐 있던 원소들이 우주 공간으로 흩어지죠.

철보다 무거운 원자들은 어떻게 만들어지는지는 오랫동안 수수께끼로

원소 주기율표

원소를 원자 번호(양성자 수)와 성질에 따라 정리한 표입니다.

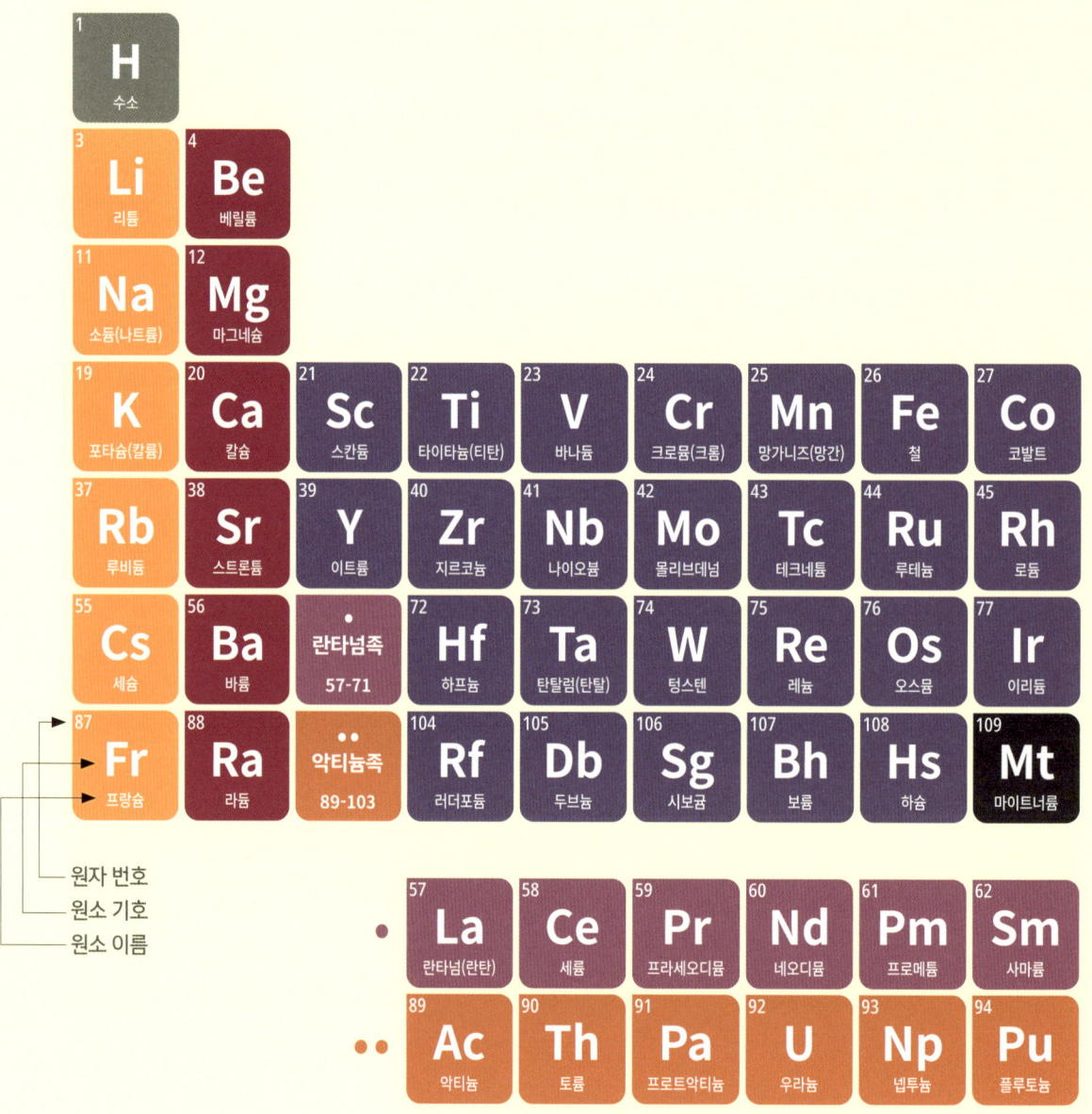

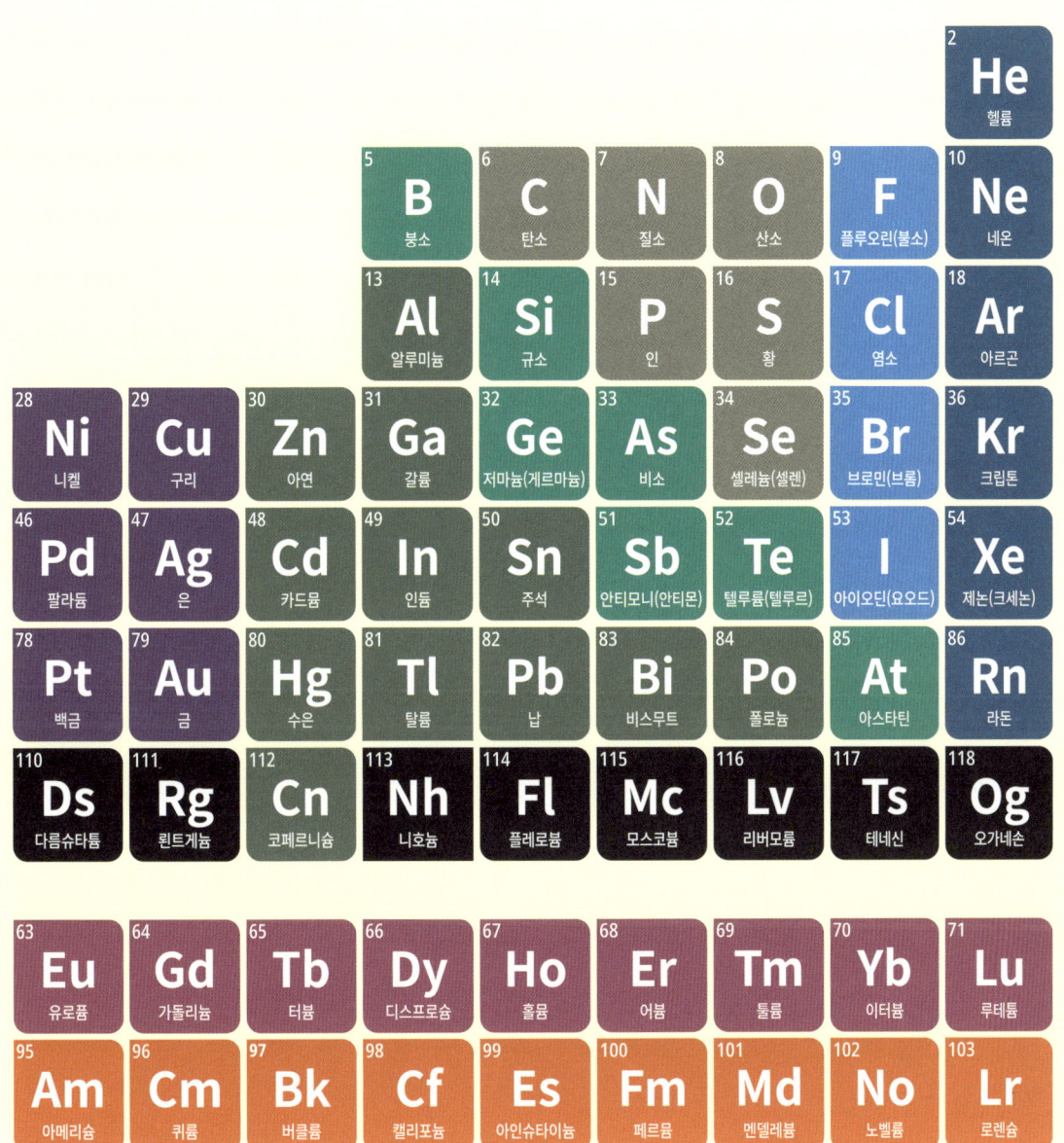

남아 있었어요. 그러다가 아주 최근에 중력파를 관찰할 수 있게 되면서 그 수수께끼가 풀렸지요. 철보다 무거운 원소들은 중성자별이 충돌하면서 만들어진답니다.

이게 전부가 아니에요. 주기율표에는 모두 118가지 원소가 있어요. 95번부터 118번까지는 자연에는 존재하지 않는 원소예요. 과학자들이 실험실에서 만든 원소지요.

간단히 정리해 볼게요.

(1) 빅뱅의 순간에 수소(H)와 헬륨(He)이 만들어져요.
(2) 별 안에서 탄소(C), 산소(O)에서 철(Fe)에 이르기까지 가벼운 원소들이 만들어져요.
(3) 초신성이 폭발할 때 그 에너지로 31번 갈륨(Ga)에서 43번 테크네튬(Tc)이 만들어져요.
(4) (3)보다 커다란 원소들, 즉 94번 플루토늄(Pu)까지는 중성자별이 충돌할 때 만들어지죠.
(5) 95번부터 118번까지의 원소들은 지구의 실험실이 고향이에요.

원소가 만들어진 곳

질문6 물 분자가 이렇게 생겼다는 건, 누가 또 어떻게 알아냈나요?

물 분자는 구부러진 모양이에요. 가운데 산소 원자가 있고 구부러진 양쪽 끝에 수소 원자가 있죠. 이런 모양은 누가 봐서 알게 된 게 아니에요. 눈으로 보기 전에 수학적으로 계산해서 나온 모양이었죠. (수학은 정말 위대해요!)

그런데 지금은 물 분자 모양을 실제로 관찰할 수 있습니다. 방사광가속기, 전자현미경을 비롯한 다양한 장치를 사용해서 보는 것이죠. 물론 이 때도 수학 계산이 필요합니다.

질문7 그럼, 물 분자 몇 개가 모여야 사람이 맨눈으로 볼 수 있나요?

글쎄요. 1밀리미터 정도는 되어야 맨눈으로 보이겠지요? 물 분자를 400만 개 늘어놓으면 1밀리미터쯤 됩니다. 그렇다면 가로, 세로, 높이 1밀리미터의 상자 안에는 물 분자가 몇 개 들어 있을까요?

$4,000,000 \times 4,000,000 \times 4,000,000 = 64,000,000,000,000,000,000$개네요.

이 숫자를 어떻게 읽어야 하는지는 저도 모르겠어요. 지구 인구 76억 명은 숫자로 7,600,000,000이라고 쓰거든요. 얼마나 큰 숫자인지 짐작이 되나요?

질문8 물에 대해 아직도 밝혀지지 않은 것은 무엇인가요?

과학자들이 물에 대해 궁금한 것은 도대체 이 물이 지구 말고 어디에 또 모여 있느냐는 겁니다. 고체 얼음이든 액체 물이든 상관없어요. 왜냐면 물이 있어야 생명이 존재할 수 있잖아요. 과학자들은 지구 말고 또 어느 곳에 생명체들이 살고 있는지 궁금하기 때문입니다.

빅 히스토리로 시작하는 **화학 공부**

초판 1쇄 2020년 9월 7일
초판 2쇄 2021년 6월 29일
초판 3쇄 2022년 7월 29일

글 _ 이정모
그림 _ 김진혁
기획 _ 노정임
디자인 _ 토가 김선태
교정·교열 _ 김나영
인쇄·제본 _ 갑우문화사

펴낸곳 _ (도서출판) 아이들은자연이다
등록번호 _ 제2013-000006호(2013년 1월 17일)
주소 _ 서울 양천구 목동서로 37, 908호
전화 _ 02-332-3887
전송 _ 0303-3447-1021
전자우편 _ aja0388@hanmail.net
블로그 _ blog.daum.net/aja0388

ⓒ 이정모, 김진혁, 노정임 2020

ISBN 979-11-88236-20-6 77400

* 잘못 만들어진 책은 구입하신 곳에서 교환해 드립니다.
* 책값은 뒤표지에 있습니다.

아이들은자연이다(아자) 출판사 이름에는 현재 우리 아이들과, 한때 아이였던 모든 이들이 건강한 자연의 에너지를 담뿍 안고 있음을 잊지 않으며 책을 만들겠다는 마음을 담았습니다. 사람과 자연을 이해하고 응원하는 책을 만들기 위해 노력합니다.

어린이제품 안전특별법에 의한 기타 표시

제조자명 아이들은자연이다 | **제조국명** 대한민국 | **제조년월** 2022년 7월 | **사용연령** 8세 이상
전화번호 02-332-3887 | **주소** 07984 서울시 양천구 목동서로 37, 908호
주의사항 종이에 베이거나 긁히지 않도록 조심하세요. 책 모서리가 날카로우니 던지거나 떨어뜨리지 마세요.

생각의 소근육을 키우는 빨래판 과학책

내 생활에서 시작하는 어린이 교양 과학.
과학의 즐거움을 나누고자 아이들은자연이다 출판사에서 만드는
10살부터 읽는 과학책 시리즈입니다.

빅뱅 여행을 시작해!
빅 히스토리로 시작하는
물리 공부

김상욱 지음 | 김진혁 그림